THIS BOOK

BELONGS TO

1

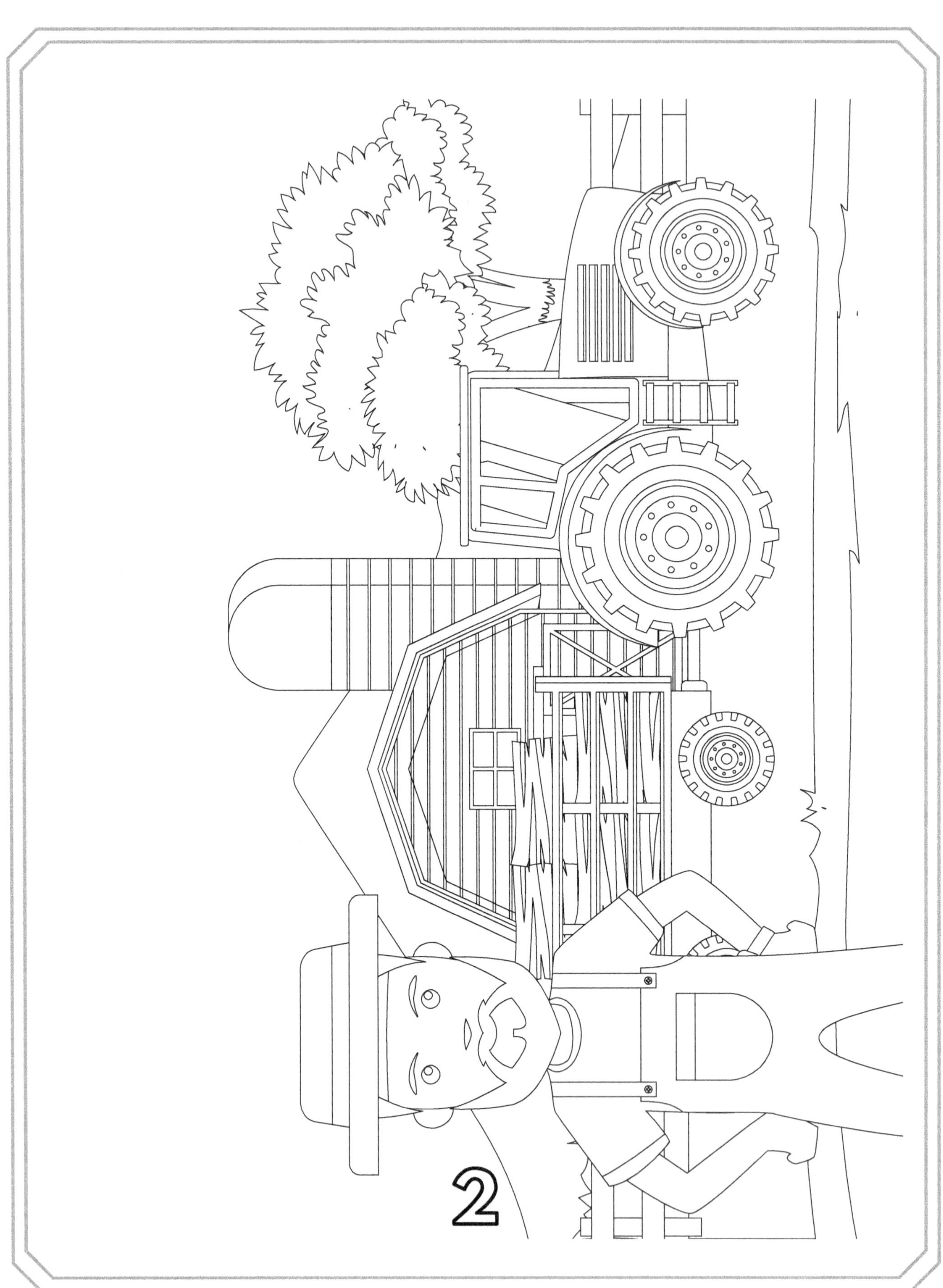

REPEAT

4

REPEAT

6

REPEAT

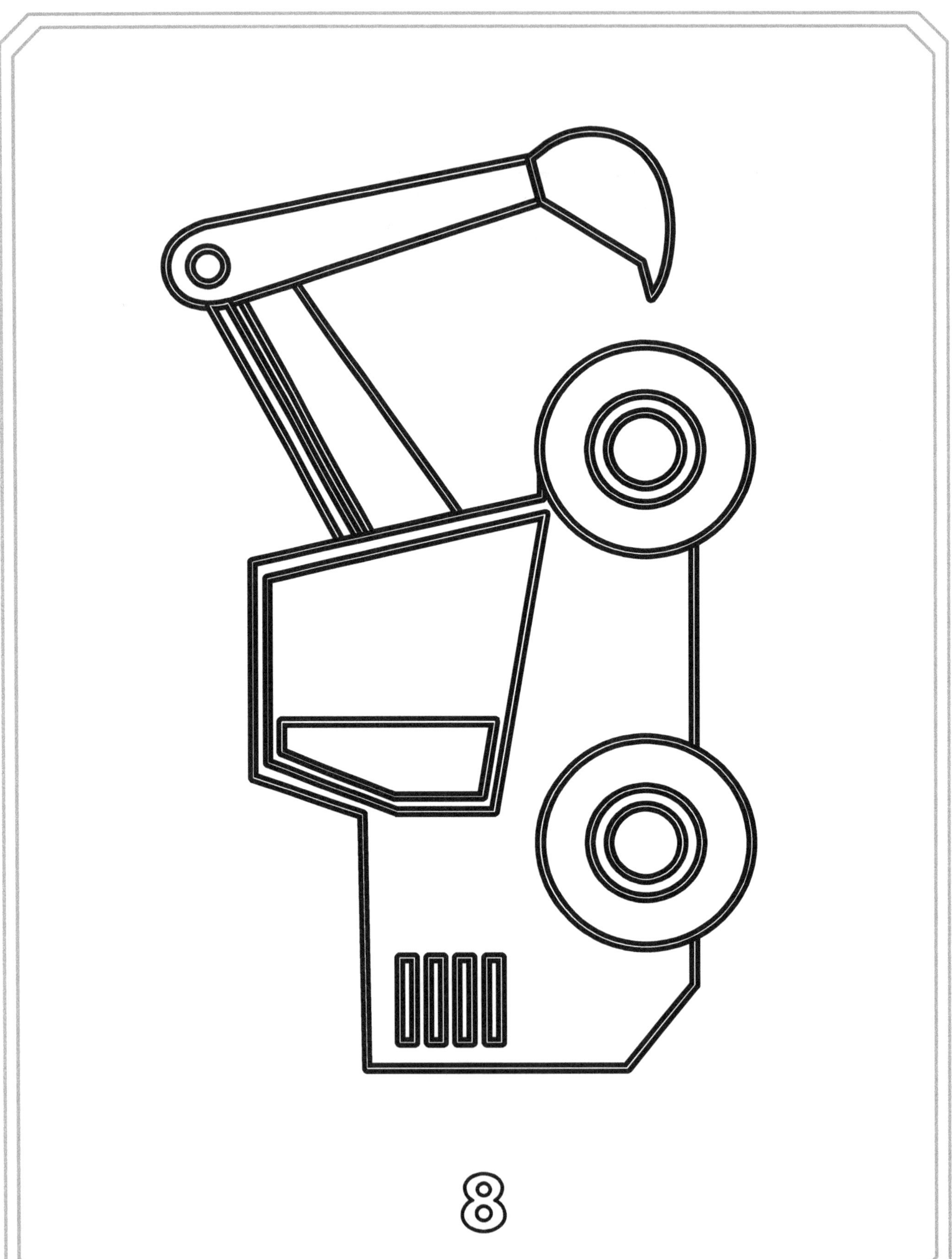

8

REPEAT

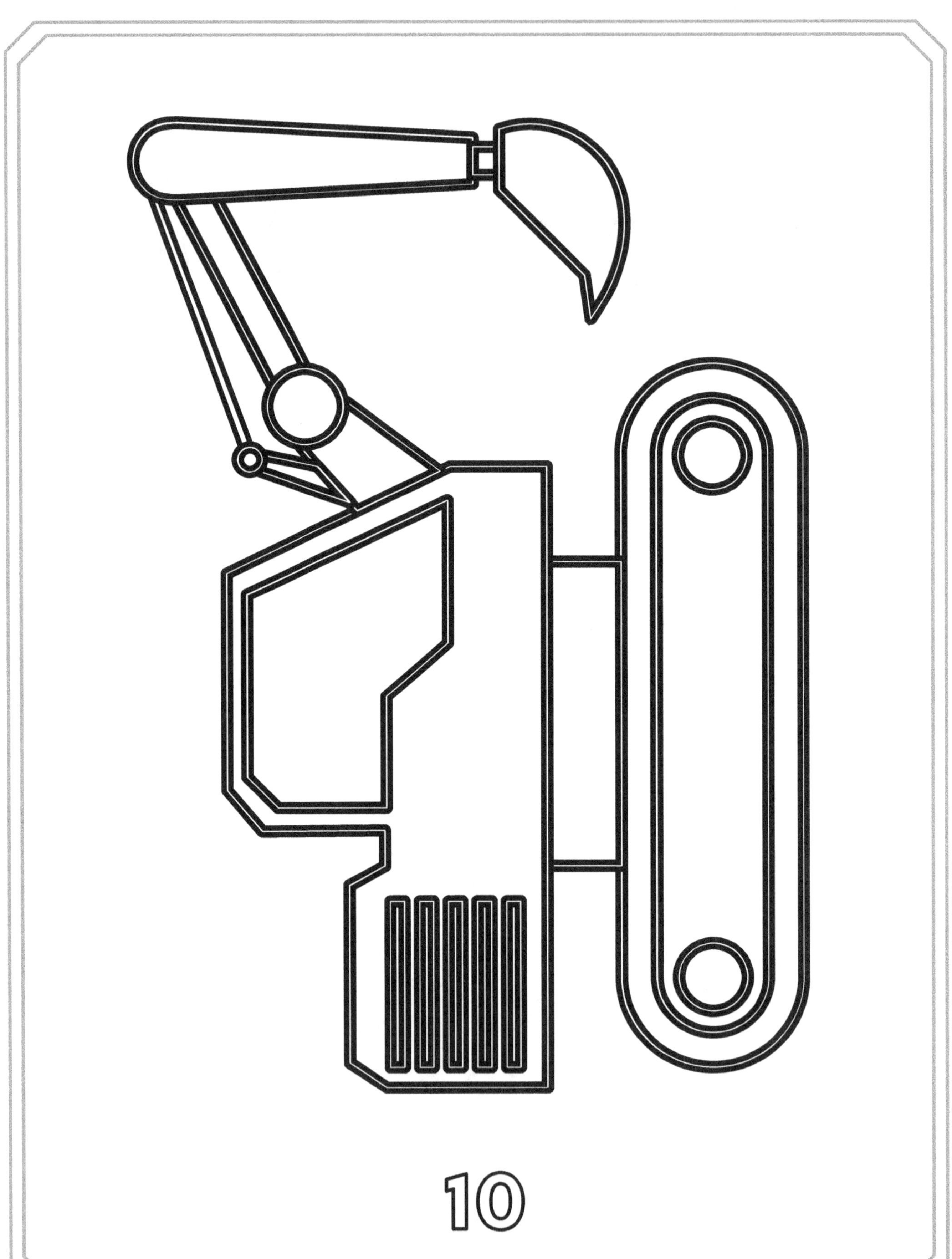

10

REPEAT

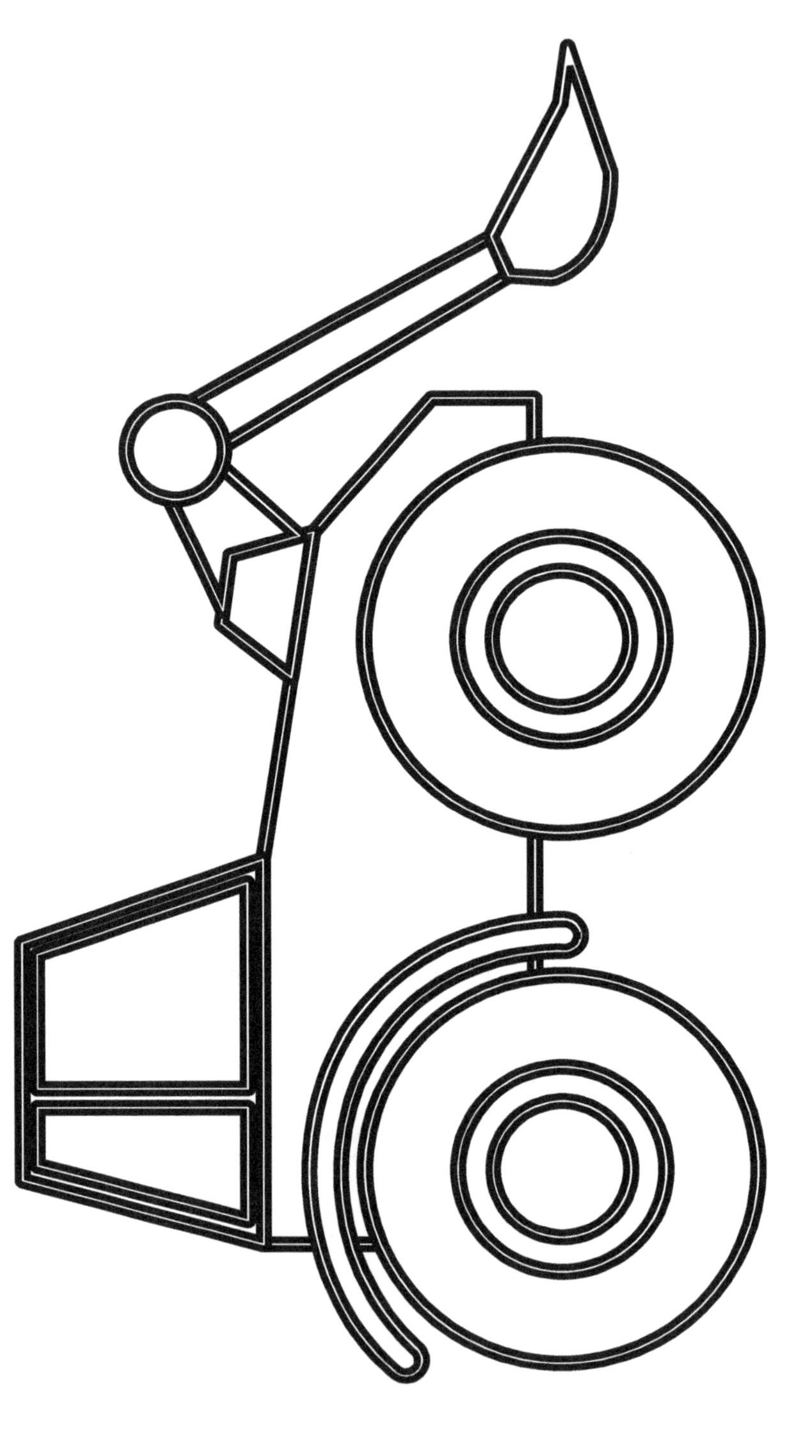

12

REPEAT

14

REPEAT

15

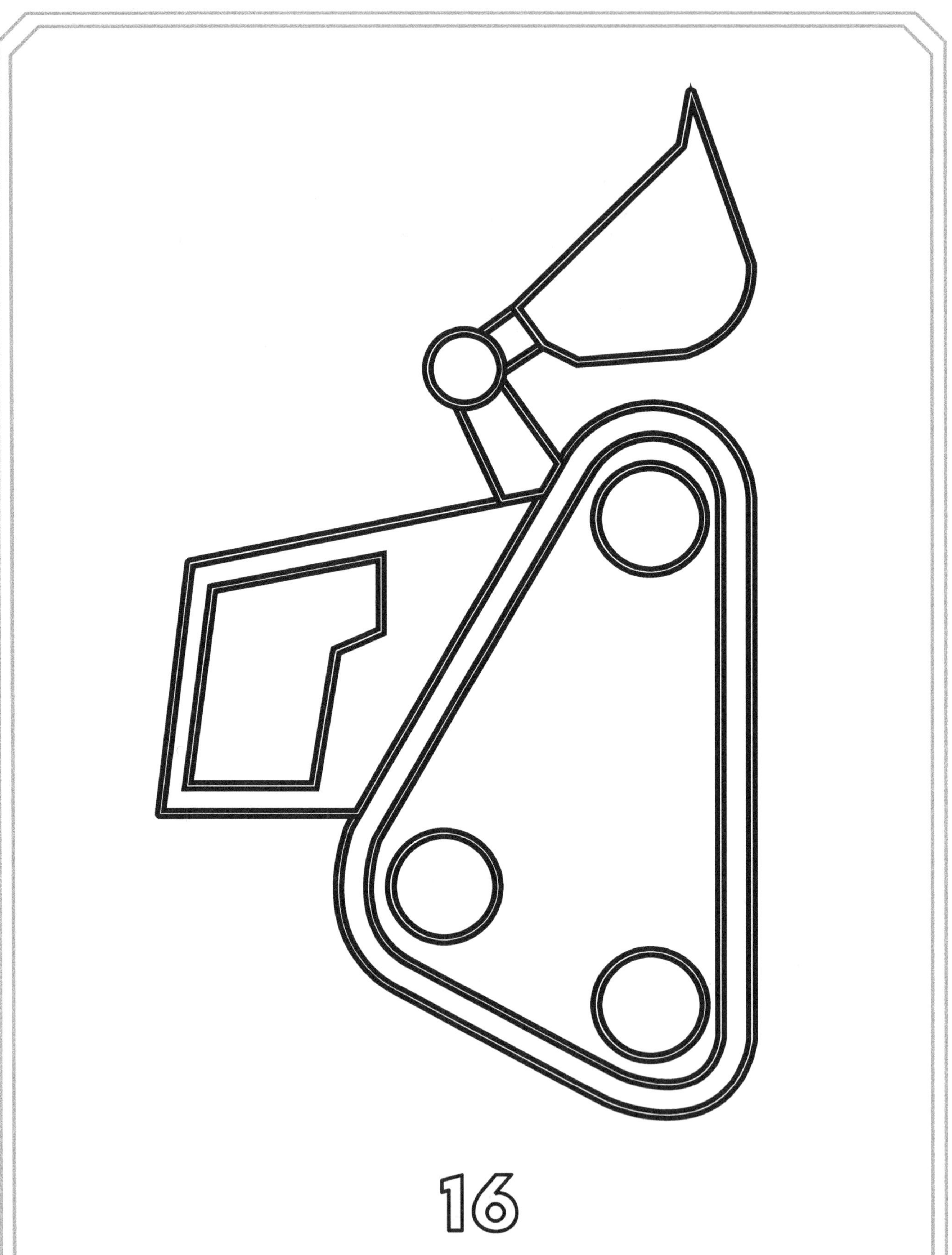

16

REPEAT

18

REPEAT

20

REPEAT

22

REPEAT

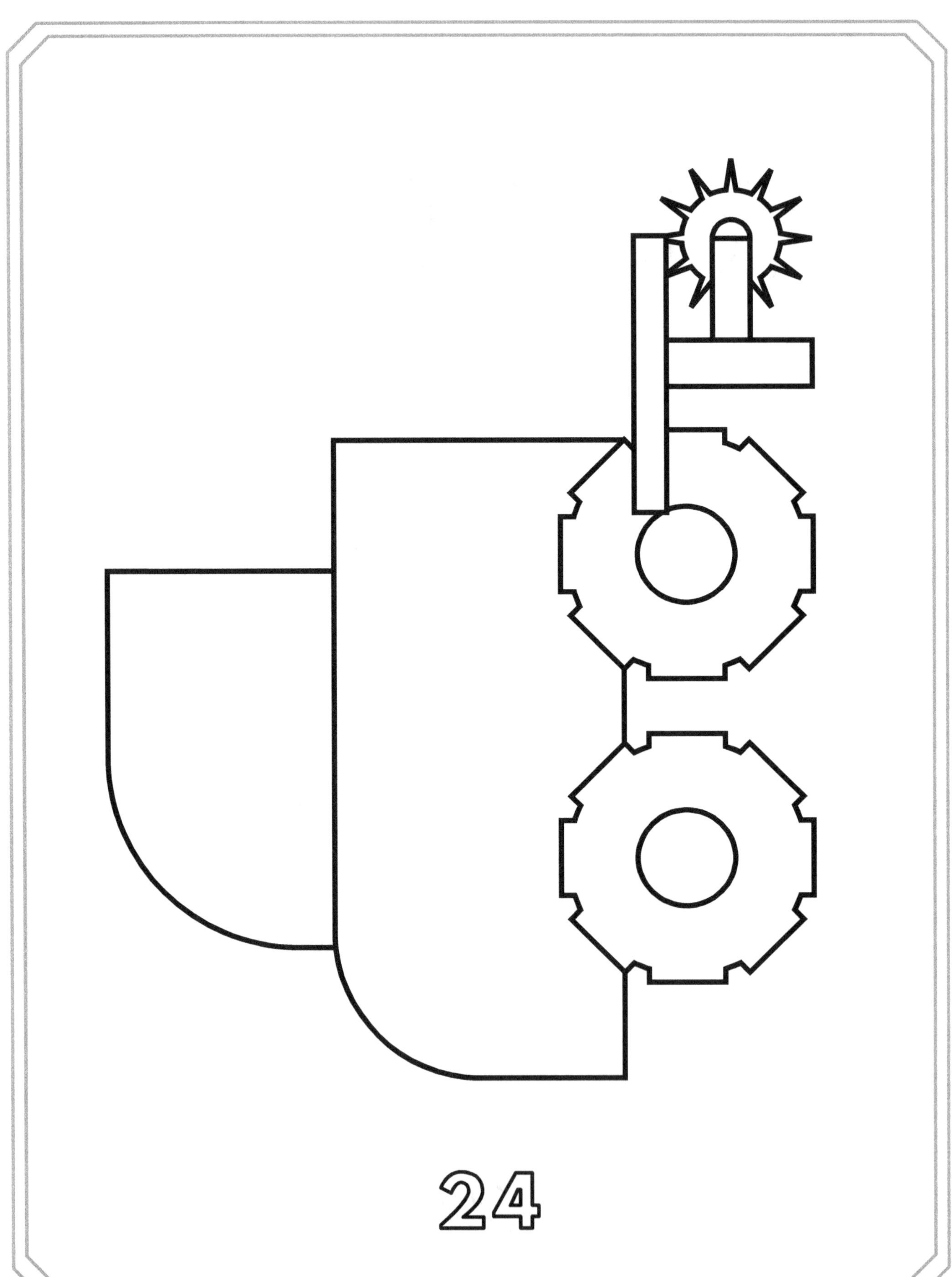

24

REPEAT

25

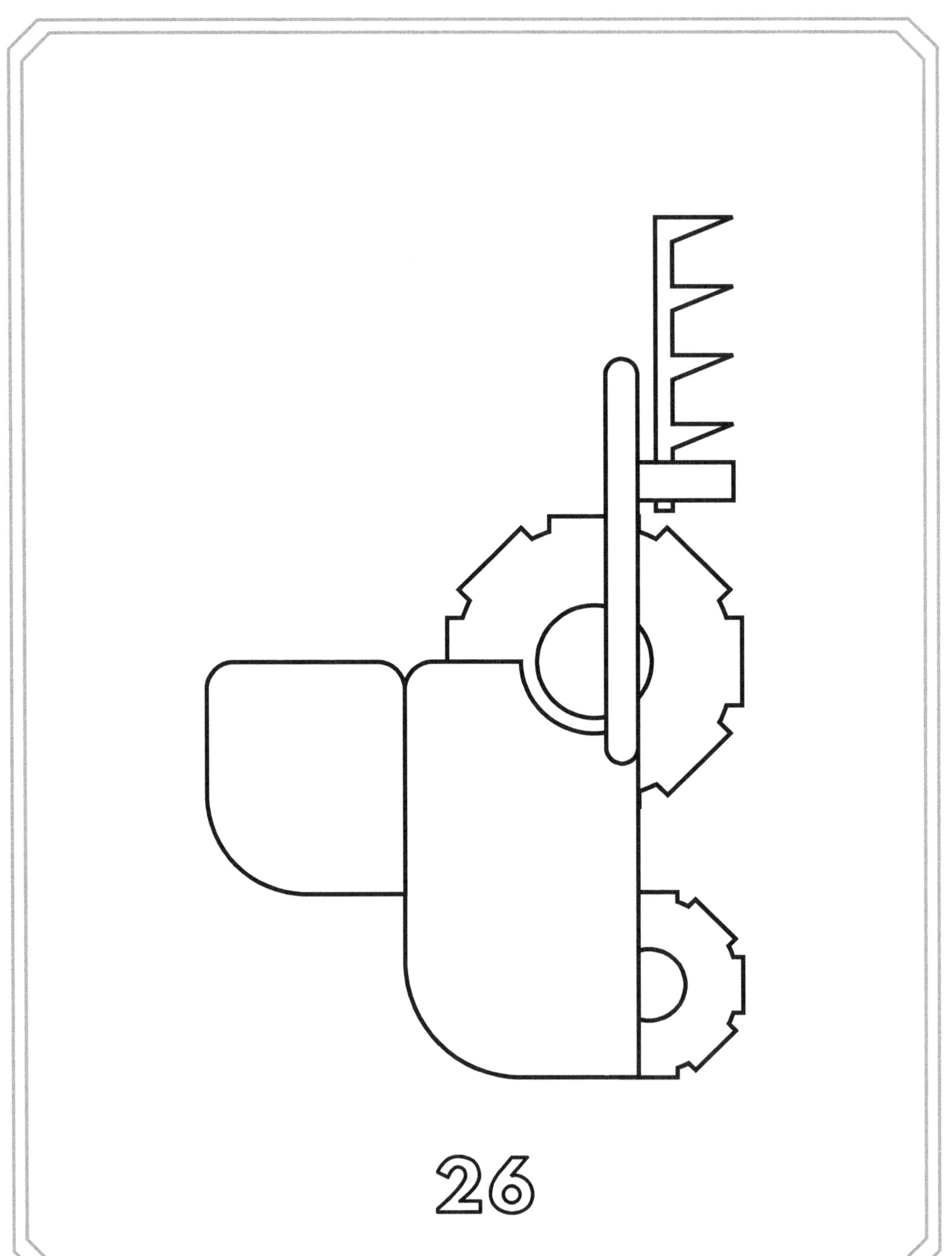

26

REPEAT

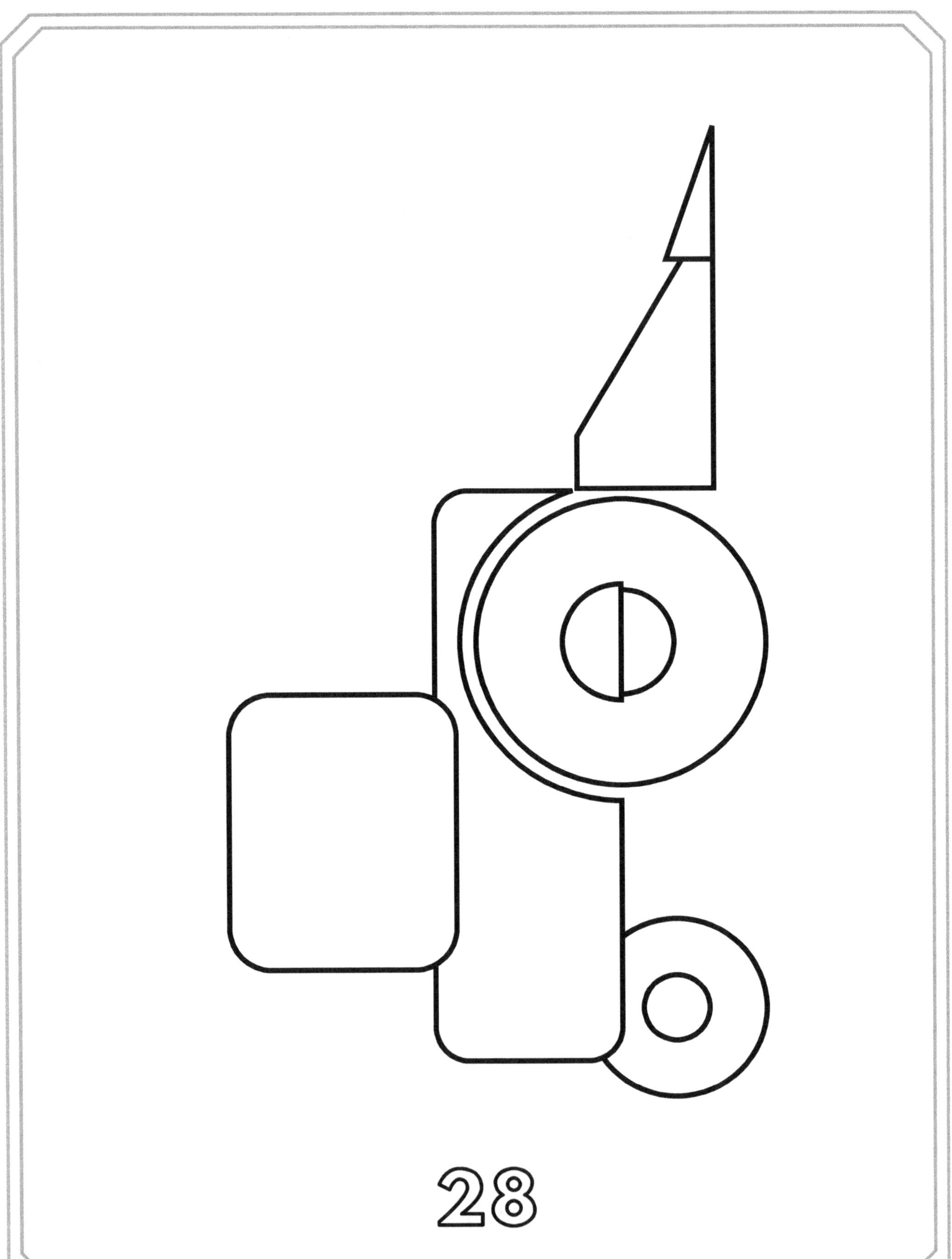

REPEAT

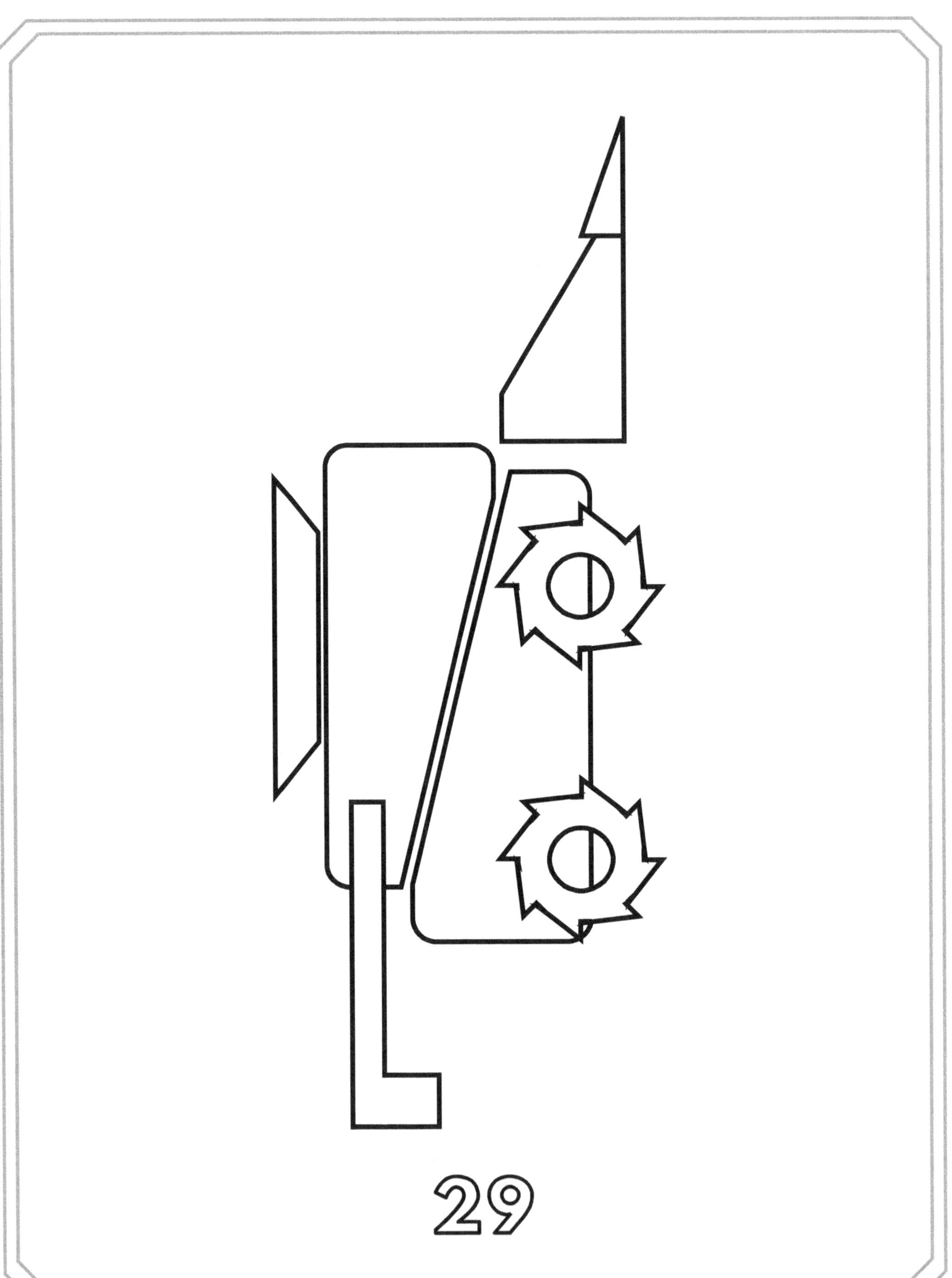

29

REPEAT

30

31